ORDONNANCE
DU ROI,

Concernant les Milices.

Du 27 Novembre 1765.

DE PAR LE ROI.

S A MAJESTÉ a bien voulu, pour le
soulagement de ses peuples, suspendre,
pendant plusieurs années, la levée des Milices:
Mais jugeant qu'un plus long délai pourroit
être nuisible à un établissement aussi utile à la sûreté qu'à la
gloire de ses Etats; Elle s'est fait représenter les différens
moyens qui peuvent faciliter la levée desdites Milices,
en les rendant moins onéreuses aux provinces: Et après
les avoir examinés, SA MAJESTÉ a résolu de faire
connoître ses intentions sur la manière dont lesdites
Milices seront levées & entretenues à l'avenir; & en
conséquence, Elle a ordonné & ordonne ce qui suit:

ARTICLE PREMIER.

LES cent cinq bataillons de Milice des provinces & *Nombre & force des Bataillons.*

A

généralités du royaume, y compris les quatre des duchés de Lorraine & de Bar, & celui de la ville de Paris, seront composés de sept cents dix hommes chacun, pour former un corps de soixante-quatorze mille cinq cents cinquante hommes.

2.

Composition des Bataillons.

CHACUN desdits bataillons sera divisé en huit compagnies, dont deux de Grenadiers & six de Fusiliers.

3.

Composition des compagnies de Grenadiers.

LA première compagnie de Grenadiers sera désignée sous le titre de compagnie de Grenadiers-royaux ; la seconde sous le titre de compagnie de Grenadiers-provinciaux : chacune desdites compagnies sera composée d'un Fourrier, de deux Sergens, quatre Caporaux, quatre Appointés, quarante Grenadiers & un Tambour, faisant cinquante-deux hommes, & commandée par un Capitaine, un Lieutenant & un Sous-lieutenant.

Les quatre Caporaux, les quatre Appointés & les quarante Grenadiers, formeront quatre escouades de douze hommes chacune, dont un Caporal & un Appointé.

4.

Composition des compagnies de Fusiliers.

CHACUNE des six compagnies de Fusiliers sera composée de quatre Sergens, huit Caporaux, huit Appointés, quatre-vingts Fusiliers & un Tambour, faisant cent & un hommes ; & commandée par un Capitaine & un Lieutenant.

Les huit Caporaux, les huit Appointés & les quatre-vingts Fusiliers, formeront huit escouades de douze hommes chacune, dont un Caporal & un Appointé.

5.

Composition de l'État-major des bataillons.

L'ÉTAT-MAJOR de chacun desdits bataillons, sera composé, d'un Major qui le commandera, d'un Aide-major, d'un Sous-aide-major & de deux Porte-drapeaux.

6.

LESDITS bataillons continueront de porter les noms

des villes principales des provinces & généralités dont ils seront tirés, & ils marcheront entr'eux, suivant le rang établi pour les régimens d'Infanterie, qui portent le nom des provinces, par l'ordonnance du 10 décembre 1762; savoir: les bataillons de Milice de la province de Picardie, marcheront les premiers; ceux de la Champagne ensuite; les bataillons des généralités de Rouen, Caen & Alençon, auront le troisième rang; la Milice du Bourbonnois, le quatrième; celle de l'Auvergne, le cinquième; celle de Flandre, le sixième; celle des généralités de Montauban, Auch & Bordeaux, le septième; celle du Poitou, le huitième; celle du Lyonnois, le neuvième; celle de la Rochelle, le dixième; de la Touraine, le onzième; du Dauphiné, le douzième; de la ville & de la généralité de Paris, le treizième; du Soissonnois, le quatorzième; la Milice du Limosin aura le quinzième rang; celle de la généralité d'Orléans, le seizième; de la Bretagne, le dix-septième; celle des Évêchés & de la Lorraine, le dix-huitième; celle de l'Artois, le dix-neuvième; celle de la généralité de Bourges, le vingtième; celle du Haynault, le vingt-unième; celle de l'Alsace, le vingt-deuxième; celle du duché de Bourgogne, le vingt-troisième; celle de la province de Languedoc, le vingt-quatrième; celle du comté de Bourgogne, le vingt-cinquième; & celle de la Provence, le vingt-sixième rang.

Lesdits bataillons devant au surplus marcher avant les régimens d'Infanterie créés depuis le 25 février 1726, époque de l'établissement des Milices.

7.

LES bataillons de Milice d'une même province, se régleront, pour le rang qu'ils devront tenir entr'eux en particulier, sur l'ancienneté de la commission de l'Officier qui les commandera. A l'égard des autres Officiers, dont chaque bataillon sera composé, ils y marcheront suivant la date de leurs commissions, lettres ou brevets, dans quelque Corps qu'ils aient servi; mais ceux qui auront une interruption d'un an & un jour dans leur service, prendront rang seulement du jour qu'ils entreront dans lesdits bataillons.

8.

L E S cent cinq compagnies de Grenadiers - royaux formeront onze régimens de Grenadiers-royaux.

L'État-major de chacun desdits régimens, sera composé d'un Colonel, un Lieutenant-colonel, un Major, un Aide - major, & un Sous - aide - major. Lesdits régimens de Grenadiers - royaux n'auront plus de drapeaux ; & il sera attaché à chacun desdits régimens un Aumônier & un Chirurgien, pour le temps de la campagne seulement.

9.

L E S compagnies de Grenadiers - royaux des ville & généralité de Paris, de la province de Flandre & du Haynault, formeront un régiment de Grenadiers-royaux, dont le quartier d'assemblée sera à Guise.

Celles de la généralité de Rouen & des provinces de Picardie & d'Artois, formeront un autre régiment de Grenadiers-royaux, qui aura son quartier d'assemblée à la citadelle d'Arras.

Un troisième régiment sera formé des compagnies de Grenadiers-royaux de la province de Champagne & de la généralité de Soissons ; & son quartier d'assemblée sera à la citadelle de Verdun.

Le quatrième s'assemblera à Nanci, & sera formé des compagnies de Grenadiers-royaux de la province d'Alsace, de la Lorraine & des Évêchés.

Le cinquième, qui s'assemblera à la citadelle de Besançon, aura les compagnies de Grenadiers - royaux du duché & du comté de Bourgogne.

Le sixième sera formé des compagnies de Grenadiers-royaux de la Provence, des provinces du Dauphiné, Lyonnois, Auvergne, & de la généralité de Moulins ; & il s'assemblera à Vienne.

Le

Le septième aura les compagnies de Grenadiers-royaux de la généralité de Montauban & de la province de Languedoc, & son quartier d'assemblée sera à la citadelle de Montpellier.

Le huitième, qui sera formé des compagnies de Grenadiers-royaux des généralités d'Auch, Bordeaux & la Rochelle, s'assemblera à la citadelle de Blaye.

Le neuvième s'assemblera à Poitiers, & sera formé des compagnies de Grenadiers - royaux des généralités de Tours, Poitiers & Limoges.

Le dixième sera formé des compagnies de Grenadiers-royaux de la province de Bretagne & de la généralité de Caen, & s'assemblera à Rennes.

Et le onzième, qui aura les compagnies de Grenadiers-royaux des généralités d'Alençon, Orléans & Bourges, aura son quartier d'assemblée à Blois.

Lesdits régimens porteront le nom des provinces où ils s'assembleront: L'un sera désigné sous le nom de Grenadiers - royaux du Soissonnois ; un autre, sous celui de Grenadiers-royaux d'Artois; le troisième portera le nom de Grenadiers-royaux des Évêchés ; le quatrième, celui de la Lorraine; le cinquième, celui du comté de Bourgogne; le sixième, celui du Dauphiné; le septième, celui du Languedoc; le huitième, celui de la Guyenne; le neuvième, celui du Poitou; le dixième, celui de la Bretagne ; & le onzième, celui de l'Orléanois. Ils prendront entr'eux les rangs ci - après: Le régiment de Grenadiers-royaux de la Guyenne, marchera le premier; celui du Poitou le second, celui du Dauphiné le troisième, celui du Soissonnois le quatrième, celui de l'Orléanois le cinquième, celui de la Bretagne le sixième, celui des Évêchés le septième, celui de la Lorraine le huitième, celui de l'Artois le neuvième, celui du Languedoc le dixième, & celui du comté de Bourgogne le onzième.

Noms & rangs desdits régiment entr'eux & avec les Troupes réglées.

B

Lesdits régimens précéderont, en toute marche & occasions de guerre, tous bataillons de Milice & les régimens créés depuis le 25 février 1726; & le rang des Officiers entr'eux, continuera d'être réglé par les dates de leurs commissions & lettres.

10.

Uniforme des bataillons de Milice & des régimens de Grenadiers-royaux.

L'HABIT des Officiers & Soldats desdits bataillons & des régimens de Grenadiers-royaux, sera de drap blanc, & aura des revers blancs; la veste & la culotte seront aussi de drap blanc; le collet & les paremens seront bleus, poche ordinaire, avec quatre boutons, les deux du milieu plus rapprochés; six boutons aux revers, de deux en deux; quatre au-dessous, de même; & quatre sur le parement, aussi de deux en deux; les boutons blancs, plats & unis, & le chapeau bordé d'argent.

Distinction de l'épaulette de chaque régiment de Grenadiers-royaux.

Les Officiers de Grenadiers & les Grenadiers auront une épaulette distinctive; savoir, ceux du régiment de Grenadiers-royaux de la Guyenne, une épaulette de couleur bleue; ceux du Poitou, de couleur rouge-garance; ceux du Dauphiné, de couleur violette; ceux du Soissonnois, de couleur aurore; ceux de l'Orléanois, de couleur verte; ceux de la Bretagne, de couleur noire; ceux des Evêchés, de couleur bleue & blanche; ceux de la Lorraine, de couleur rouge & blanche; ceux de l'Artois, de couleur jaune & blanche; ceux du Languedoc, de couleur rouge & noire; & ceux du comté de Bourgogne, de couleur verte & blanche.

11.

Appointemens & solde des bataillons de Milice & des régimens de Grenadiers-royaux.

LES appointemens & solde des bataillons de Milice & des régimens de Grenadiers-royaux, leur seront payés pendant le temps qu'ils seront employés, sur le pied,

SAVOIR;

Compagnies de Grenadiers-royaux.	EN GARNISON.			EN CAMPAGNE.		
	Par jour.	Par mois.	Par an.	Par jour.	Par mois.	Par an.
Le Capitaine, quatre livres par jour en garnison, & cinq livres onze sous un denier un tiers en campagne, ci	4ˡ #ˢ #ᵈ	120ˡ #ˢ #ᵈ	1400ˡ	5ˡ 11ˢ 1ᵈ¹/₃	166ˡ 13ˢ 4ᵈ	2000ˡ
Le Lieutenant, une livre seize sous par jour en garnison, & deux livres dix sous en campagne	1.16.#	54.#.#	648.	2.10.#	75.#.#	900.
Le Sous-lieutenant, une livre six sous huit deniers par jour en garnison, & une livre treize sous quatre deniers en campagne, ...	1.6.8	40.#.#	480.	1.13.4	50.#.#	600.
Le Fourrier, treize sous quatre deniers par jour en garnison, & treize sous huit deniers en campagne	#.13.4	20.#.#	240.	#.13.8	20.10.#	246.
Chaque Sergent, douze sous quatre deniers par jour en garnison, & douze sous huit deniers en campagne	#.12.4	18.10.#	222.	#.12.8	19.#.#	228.
Chaque Caporal, huit sous huit deniers par jour en garnison, & neuf sous en campagne	#.8.8	13.#.#	156.	#.9.#	13.10.#	162.
Chaque Appointé, sept sous huit deniers par jour en garnison, & huit sous en campagne	#.7.8	11.10.#	138.	#.8.#	12.#.#	144.
Chaque Grenadier-royal, six sous huit deniers par jour en garnison, & sept sous en campagne.	#.6.8	10.#.#	120.	#.7.#	10.10.#	126.
Le Tambour, huit sous huit deniers par jour en garnison, & neuf sous en campagne	#.8.8	13.#.#	156.	#.9.#	13.10.#	162.

Compagnies de Grenadiers-provinciaux.

	EN GARNISON.			EN CAMPAGNE.		
	Par jour.	Par mois.	Par an.	Par jour.	Par mois.	Par an.
Le Capitaine, trois livres dix sous par jour en garnison, & quatre livres trois sous quatre deniers en campagne	3.10.#	105.#.#	1260.	4.3.4	125.#.#	1500.
Le Lieutenant, une livre dix sous par jour en garnison, & une livre treize sous quatre deniers en campagne	1.10.#	45.#.#	540.	1.13.4	50.#.#	600.
Le Sous-lieutenant, une livre cinq sous par jour en garnison, & une livre dix sous en campagne.	1.5.#	37.10.#	450.	1.10.#	45.#.#	540.

	EN GARNISON.			EN CAMPAGNE.		
	Par jour.	Par mois.	Par an.	Par jour.	Par mois.	Par an.
Le Fourrier, douze sous quatre deniers par jour en garnison, & douze sous huit deniers en campagne............	» 12ˢ 4ᵈ	18ˡ 16ˢ »	222ˡ	» 12ˢ 8ᵈ	19ˡ » »	228ˡ
Chaque Sergent, onze sous quatre deniers par jour en garnison, & onze sous huit deniers en campagne............	» 11. 4	17. » »	204.	» 11. 8	17. 10. »	210.
Chaque Caporal, sept sous huit deniers par jour en garnison, & huit sous en campagne.....	» 7. 8	11. 10. »	138.	» 8. »	12. » »	144.
Chaque Appointé, six sous huit deniers par jour en garnison, & sept sous en campagne.....	» 6. 8	10. » »	120.	» 7. »	10. 10. »	126.
Chaque Grenadier-provincial, cinq sous huit den. par jour en garnison, & six sous en campagne.	» 5. 8	8. 10. »	102.	» 6. »	9. » »	108.
Le Tambour, sept sous huit deniers par jour en garnison, & huit sous en campagne.....	» 7. 8	11. 10. »	138.	» 8. »	12. » »	144.

Compagnie de Fusiliers.

	EN GARNISON.			EN CAMPAGNE.		
	Par jour.	Par mois.	Par an.	Par jour.	Par mois.	Par an.
Le Capitaine, trois livres cinq sous par jour en garnison, & trois livres six sous huit deniers en campagne..........	3. 5. »	97. 10. »	1170.	3. 6. 8.	100. » »	1200.
Le Lieutenant, une livre six sous huit deniers par jour en garnison, & une livre dix sous en campagne..........	1. 6. 8.	40. » »	480.	1. 10. »	45. » »	540.
Chaque Sergent, onze sous quatre deniers par jour en garnison, & onze sous huit deniers en campagne..........	» 11. 4	17. » »	204.	» 11. 8	17. 10. »	210.
Chaque Caporal, sept sous huit den. par jour en garnison, & huit sous en campagne....	» 7. 8	11. 10. »	138.	» 8. »	12. » »	144.
Chaque Appointé, six sous huit den. par jour en garnison, & sept sous en campagne....	» 6. 8	10. » »	120.	» 7. »	10. 10. »	126.
Chaque Fusilier, cinq sous huit den. par jour en garnison, & six sous en campagne.....	» 5. 8	8. 10. »	102.	» 6. »	9. » »	108.
Le Tambour, sept sous huit deniers par jour en garnison, & huit sous en campagne.....	» 7. 8	11. 10. »	138.	» 8. »	12. » »	144.

État-major des bataillons.

Le Major qui commandera le bataillon, aura cinq livres par jour en garnison, & six liv. treize sous quatre deniers en campagne.

L'Aide-major, trois livres par jour en garnison, & trois livres six sous huit den. en campagne.

Le Sous-Aide-major, deux livres par jour en garnison, & trois livres en campagne……

Chacun des deux Porte-drapeaux, une livre par jour en garnison, & une livre cinq sous en campagne…………

État-major des régimens de Grenadiers-royaux.

Le Colonel de chaque régiment de Grenadiers-royaux, aura douze livres par jour en garnison, & seize livres treize sous quatre den. en campagne…

Le Lieutenant-colonel, dix livres par jour en garnison, & treize livres dix-sept sous neuf deniers un tiers en campagne…

Le Major, six livres treize sous quatre deniers par jour en garnison, & onze livres deux sous deux deniers deux tiers en campagne……

L'Aide-major, trois livres par jour en garnison, & quatre liv. trois sous quatre deniers en campagne……

Le Sous-aide-major aura deux livres par jour en garnison, & trois livres en campagne……

L'Aumônier qui sera attaché à chaque régiment en campagne, aura une livre sept sous neuf den. un tiers par jour……

Le Chirurgien qui sera employé pour le même temps, aura une livre sept sous neuf deniers un tiers par jour……

	EN GARNISON.			EN CAMPAGNE.		
	Par jour.	Par mois.	Par an.	Par jour.	Par mois.	Par an.
Le Major (bataillon)	5ˡ „ „	150ˡ „ „	1800ˡ	6ˡ 13ˢ 4ᵈ	200ˡ „ „	2400ˡ
L'Aide-major	3. „ „	90. „ „	1080.	3. 6. 8	100. „ „	1200.
Le Sous-Aide-major	2. „ „	60. „ „	720.	3. „ „	90. „ „	1080.
Porte-drapeaux	1. „ „	30. „ „	360.	1. 5. „	37. 10. „	450.
Le Colonel	12. „ „	360. „ „	4320.	16. 13. 4.	500. „ „	6000.
Le Lieutenant-colonel	10. „ „	300. „ „	3600.	13. 17. $9\frac{1}{3}$	416. 13. 4	5000.
Le Major	6. 13. 4	200. „ „	2400.	11. 2. $2\frac{2}{3}$	333. 6. 8	4000.
L'Aide-major	3. „ „	90. „ „	1080.	4. 3. 4	125. „ „	1500.
Le Sous-aide-major	2. „ „	60. „ „	720.	3. „ „	90. „ „	1080.
L'Aumônier	……	……	……	1. 7. $9\frac{1}{3}$	41. 13. 4	500.
Le Chirurgien	……	……	……	1. 7. $9\frac{1}{3}$	41. 13. 4	500.

Entendant Sa Majesté qu'au moyen de la paye ci-dessus

réglée pour les Tambours, tant des compagnies de Grenadiers que de celles de Fusiliers, ils seront tenus d'entretenir leurs caisses de peaux & de cordages, & de se fournir de baguettes.

Voulant Sa Majesté que la paye de campagne ne soit donnée qu'à ceux desdits régimens de Grenadiers-royaux & bataillons de Milice, qui serviront en campagne, à commencer du jour de leur arrivée à l'armée, jusqu'à celui de leur départ de l'armée; & que ceux qui demeureront en garnison pendant la guerre, ne touchent que la paye réglée en garnison.

I 2.

Retenue des quatre deniers pour livre, supportée par les Capitaines qui ne seront plus chargés des réparations de l'habillement, équipement ni armement.

LES Capitaines supporteront, sur leurs appointemens, la totalité de la retenue des quatre deniers pour livre de la solde des Sergens, Grenadiers & Soldats de leurs compagnies; & il ne sera fait aucune déduction pour raison de ladite retenue, sur la solde réglée aux Fourriers, Sergens, Caporaux, Appointés, Grenadiers, Fusiliers & Tambours des Milices: Enjoint Sa Majesté aux Colonels, Lieutenans-colonels & aux Majors qui commanderont les bataillons ou régimens, de veiller à ce qu'il ne soit fait aucun tort ni mauvais traitement auxdits Soldats, & d'informer le Secrétaire d'Etat ayant le département de la guerre, de ce qui pourroit arriver en cela de contraire aux intentions de Sa Majesté, pour y être par Elle pourvu.

Lesdits Capitaines ne seront plus chargés de l'entretien & réparations de l'habillement, équipement & armement; Sa Majesté se réservant de donner des ordres particuliers pour que lesdites réparations soient faites à mesure qu'il sera jugé nécessaire, & sur les états de situation qui seront envoyés chaque mois, par les Majors, au Secrétaire d'État ayant le département de la guerre.

I 3.

La levée de la Milice, réduite

SA MAJESTÉ, pour rendre le service de la Milice moins à charge à ses peuples, & éviter le renouvellement

total des bataillons, a réglé qu'il ne sera levé chaque
année qu'un quart des hommes nécessaires pour les
porter au complet : Déclarant qu'aucun Soldat de Milice
ne pourra, à l'avenir, être retenu dans les bataillons
de Milice, au-delà du terme de son engagement ; &
voulant qu'il soit expédié chaque année des congés
absolus aux Miliciens qui auront fini leur service, lesquels
congés seront signés par les Majors qui commanderont
les bataillons & par les Aides-majors, & visés par les
Intendans des provinces avant d'être remis auxdits Miliciens, auxquels ils délivreront en même temps des certificats, pour les faire jouir des exemptions & privilèges
qui leur sont accordés à la suite de leur service.

14.

Il sera procédé dans le courant des mois de Février
& Mars prochains, par les Intendans des provinces, à
la levée du premier quart des hommes dont chaque
bataillon devra être composé ; & la répartition desdits
hommes sera faite, par lesdits Intendans, sur les villes
& villages dépendans des provinces & généralités, eu
égard au nombre d'hommes en état de servir, qu'elles
contiendront : & il sera tiré au sort entre tous les garçons
ou hommes veufs sans enfans, demeurans actuellement
dans les paroisses desdites villes & villages, de l'âge de
dix-huit ans & au-dessus jusqu'à quarante, de la taille de
cinq pieds au moins, sans chaussure, & de force conve-
nable à servir ; & au défaut de garçons, les jeunes gens
mariés, de l'âge de vingt ans & au-dessous, seront
assujettis à tirer au sort, & de préférence ceux qui
n'auront point d'enfans.

15.

Ordonne Sa Majesté auxdits garçons, hommes
veufs sans enfans, ou hommes mariés, qui se trouveront
dans le cas de tirer au sort, de comparoître devant les
Intendans & Commissaires chargés de la levée, le jour
qui aura été indiqué pour tirer, à peine d'être contraints

de servir à la place de ceux à qui le sort sera échu ; voulant à cet effet Sa Majesté, que lesdits Intendans en tiennent des états exacts, pour en faire faire la recherche aux frais des communautés.

16.

AUCUN passager & vagabond ne pourra être admis dans lesdits bataillons ; défendant Sa Majesté à tout Milicien ancien ou nouveau, d'en substituer un autre à sa place, à peine contre le Milicien de six mois de prison & de dix années de service dans la Milice, au-delà du temps qu'il se trouvera avoir servi ; de trois années de galères contre l'homme qui aura été substitué, & de cinq cents livres d'amende contre les Maires, Échevins, Consuls, Syndics, Marguilliers & autres qui auront favorisé, participé ou adhéré à ladite substitution, ou supposition d'un homme pour l'autre, ladite amende applicable, moitié au dénonciateur, dont le nom sera tenu secret, & l'autre moitié à l'hôpital le plus prochain : Voulant bien néanmoins Sa Majesté que si le frère d'un Milicien se présente pour servir à sa place, il soit reçu, s'il a les qualités requises ; & qu'un homme marié ayant un ou plusieurs enfans, auquel le sort seroit échu, puisse présenter, pour servir à sa place, un Milicien qui, après avoir obtenu son congé, seroit encore en état de servir six ans ; bien entendu qu'il sera établi dans la paroisse, autrement il ne pourra être admis.

17.

SI lors de la publication de l'ordre envoyé pour tirer au sort, quelque garçon se prétendoit engagé dans les Troupes, il sera tenu, pour éviter les abus des engagemens simulés, de rapporter un certificat de l'Officier qui aura reçu son engagement, au Syndic ou autres Officiers en charge de la communauté, lequel le remettra au Commissaire chargé de faire tirer les garçons, pour être par lui envoyé au Secrétaire d'État ayant le département de la guerre, qui fera constater le fait ; l'intention de Sa

Majesté

Majesté étant que l'Officier qui auroit donné de faux
certificats d'engagement, soit mis en prison & cassé; &
cependant ledit Soldat sera contraint de joindre sans
délai son régiment, & ne pourra reparoître par la suite
dans la province, même avec un congé, qu'il ne justifie à
l'Intendant, par un certificat du Commissaire des guerres,
contenant son signalement, qu'il aura joint le corps &
passé en revue devant lui; faute de quoi, il sera arrêté
& mis en prison pour six mois, & condamné à servir
dans la Milice pendant dix ans: Il subira la même peine
si, en vertu du congé qui lui aura été délivré, après avoir
d'abord joint le régiment, il reste plus de six mois dans
la province, & qu'il ne retourne pas au corps.

18.

SA MAJESTÉ défend aux Ecclésiastiques, Gentilshommes, Communautés seculières ou régulières, de l'un
ou de l'autre sexe, & généralement à tous ses Officiers
& sujets, de donner retraite à aucun garçon sujet à la
Milice, avant que le sort ait été tiré, & à aucun de ceux
qui auront été désignés Miliciens; & ce, à peine de cinq
cents livres d'amende pour chaque contravention, lesquelles amendes ne pourront être remises ni modérées
en faveur de qui que ce soit, & sous quelque prétexte
que ce puisse être.

*Défenses de
donner retraite
aux Miliciens.*

19.

DÉFEND Sa Majesté très-expressément toute sorte
de contribution ou cotisation en faveur des Miliciens,
tant anciens que nouveaux, à quelque titre & sous quelque
prétexte que ce puisse être, à peine de cinq cents livres
d'amende, applicable, comme il est dit ci-dessus, contre
les Maires, Echevins, Consuls, Syndics & Marguilliers
qui auront toléré lesdites contributions, ou, en cas qu'ils
n'aient pu les empêcher, auront négligé d'en donner
aussi-tôt avis à l'Intendant ou à son Subdélégué.

*Contributions
ou cotisations
en faveur
des Miliciens,
défendues.*

20.

LES Intendans avertiront à l'avance, les Syndics &

Avis donnés par

Marguilliers des paroisses, des jours auxquels il sera tiré au sort dans le chef-lieu de l'Élection, en présence desdits Intendans ou de leurs Subdélégués, & des Notables des paroisses; l'intention de Sa Majesté étant que s'il survient quelques contestations, elles soient décidées sur le champ par les Intendans ou leurs Subdélégués.

Voulant de plus Sa Majesté que si quelque Officier retiré ou actuellement à son service, ou autres personnes qui assistent ordinairement au tirage, en troubloient l'opération, en engageant les garçons ou hommes mariés, compris dans le rôle de ceux qui sont assujettis à tirer au sort, l'Intendant en informe le Secrétaire d'État ayant le département de la guerre, qui prendra les ordres de Sa Majesté sur la punition qu'Elle jugera à propos d'ordonner.

Veut aussi Sa Majesté que les Préposés aux recrues des Troupes, qui se présenteront pour enrôler les garçons, pendant qu'on se disposera à tirer au sort de la Milice, soient arrêtés sur le champ, & que les Officiers de Maréchaussée mettent en prison lesdits Enrôleurs; l'intention de Sa Majesté étant qu'on ne puisse faire aucun enrôlement que le lendemain du tirage.

21.

VEUT Sa Majesté que les Officiers de Maréchaussée, sur l'avis qui leur sera donné par les Intendans ou par leurs Subdélégués, des jours auxquels il sera tiré au sort, se rendent avec leurs brigades, dans les endroits qui leur seront indiqués, ou y fassent trouver les bas Officiers & Cavaliers nécessaires pour maintenir la tranquillité, pendant & après l'opération; entendant Sa Majesté qu'ils se trouvent avec lesdites brigades, dans les quartiers d'assemblée, pour accompagner les bataillons jusqu'à la sortie de leur département, lorsque Sa Majesté enverra lesdits bataillons dans les places de guerre ou autres endroits qui leur seront assignés.

22.

SA MAJESTÉ voulant établir une uniformité dans la manière de tirer au sort, Elle ordonne que dès que le nombre des garçons, hommes veufs sans enfans, ou mariés, qui devront tirer, aura été déterminé, les Intendans ou leurs Subdélégués, fassent autant de billets, lesquels seront tous de même papier & de même grandeur; qu'ils prennent sur le nombre desdits billets, autant de billets quil sera demandé de Miliciens pour la paroisse; qu'ils écrivent sur ces derniers billets le mot, *Milicien*, & les roulent ensuite, de manière qu'il n'y ait aucune différence sensible avec ceux qui ne seront point écrits, lesquels seront également roulés; & que les uns & les autres soient mis & mêlés dans un chapeau qui sera tenu à hauteur de la tête de ceux qui tireront: alors chaque garçon, homme veuf sans enfans ou homme marié, se présentera suivant le rang où il se trouvera inscrit sur le rôle, il étendra la main, prendra un billet dans le chapeau, & le donnera à l'Intendant ou au Subdélégué, pour être ouvert publiquement, & faire connoître à toute l'assemblée s'il est blanc ou écrit. Quand le dernier des billets écrits, autrement nommés *billets noirs*, sera tiré, l'Intendant ou le Subdélégué, en présence de tout le monde, ouvrira tous les billets qui resteront dans le chapeau, afin qu'il soit notoire qu'il n'y a point d'autres billets noirs, & que le tirage a été bien fait.

Il sera dressé trois procès-verbaux du tirage, l'un pour être adressé au Secrétaire d'État ayant le département de la guerre, l'autre pour être remis au Subdélégué, & le troisième à l'Intendant, avec l'original de la liste des garçons, hommes veufs sans enfans ou gens mariés, que le Syndic aura donnée, signée de lui, au Subdélégué, & dont il gardera copie.

23.

Ceux qui seront inscrits sur le rôle, & qui se trouveront attaqués d'infirmités, seront tenus de les déclarer aux Subdélégués, avant de tirer au sort, afin qu'ils les fassent visiter sur le champ par un Chirurgien expert, qui en donnera un certificat détaillé, dont il sera fait

Visite & examen des hommes sujets à la Milice, avant de procéder au tirage.

lecture en présence de l'assemblée, & les frais de visite seront payés par les Communautés.

Si après l'opération du tirage du sort, le Milicien à qui il sera échu, se présente pour demander sa décharge, sous prétexte de quelque infirmité, il sera mis en prison, & payera cinquante livres d'amende à celui à qui le sort écherra pour le remplacer, & les frais de visite seront prélevés sur cette amende.

Tous ceux qui prétendront avoir des raisons valables pour être dispensés de tirer à la Milice, seront obligés de les faire connoître avant que l'on procède au tirage, autrement ils seront assujettis à tirer avec ceux qui n'en sont point exempts.

24.

Exempts & non exempts;

Fils unique d'un Laboureur avancé en âge.

Le fils unique d'un Laboureur, demeurant avec son père, âgé de soixante-cinq ans, ayant le labourage d'une charrue, sera exempt de tirer à la Milice.

D'un Laboureur infirme.
Son valet.

Le fils unique d'un Laboureur qui auroit des infirmités notoires & le labourage d'une charrue, sera aussi exempt; & au défaut de fils dans les deux cas ci-dessus, un valet sera exempt.

Fils unique d'une veuve de Laboureur, âgée ou infirme.

Le fils unique d'une veuve de Laboureur, demeurant avec elle, âgée de soixante ans ou infirme, ayant le labourage d'une charrue, sera exempt; au défaut de fils, l'exemption passera à un valet.

Fils de Laboureur entretenant quatre chevaux toute l'année.

Un Laboureur exploitant le labourage d'une charrue, soit en propre, soit à ferme, & qui entretiendra au moins quatre chevaux toute l'année, exemptera son fils demeurant avec lui & ne faisant autre profession; au défaut de fils, il exemptera un valet.

Veuve de Laboureur, idem.

Une veuve de Laboureur, dans le cas ci-dessus, exemptera son fils & un valet; & au défaut de fils, elle exemptera deux valets.

Laboureur payant 50 liv. du principal de la taille.

Un Laboureur payant cinquante livres du principal de la taille, aura un fils exempt de tirer; & au défaut de fils, il exemptera un valet.

Veuve.
Son fils.

Une veuve de Laboureur dans le même cas, exemptera son fils & un valet.

Valets de Fermier ou de Laboureurs.

Le fils unique ou le valet d'un Fermier d'une terre au-dessus de mille livres de revenu, sera exempt; & tous les autres valets de Fermiers & de Laboureurs, tireront.

Les

Les Fermiers & garçons qui régissent les fermes de l'Ordre de Malte, seront exempts, eux & un de leurs enfans, ainsi que leurs valets, pourvu que lesdits enfans & valets demeurent dans l'étendue des Commanderies, & ne fassent aucun commerce, autrement les uns & les autres seront privés de l'exemption.

Fermiers de l'Ordre de Malte, leurs enfans & valets.

Un garçon ayant charrue, demeurant seul avec ses domestiques, sera exempt personnellement.

Garçon ayant charrue.

Un garçon vivant seul avec ses domestiques, & exploitant une ferme de trois cents livres au moins, par bail passé devant Notaires, sera exempt.

Exploitant une ferme.

Un garçon demeurant seul, âgé de vingt-cinq ans, tuteur de ses frères & sœurs, & non d'autres parens, & qui aura gestion de biens, sera exempt.

Tuteur de ses frères & sœurs.

Un garçon, aussi demeurant seul, tenant moulin à ferme, & payant trente livres au moins du principal de la taille, sera exempt.

Tenant moulin à ferme.

Tout garçon ayant son père ou sa mère, sous le nom duquel on auroit passé un bail pour une exploitation quelconque, sera assujetti à tirer.

Tenant bail.

Un Berger dans une paroisse, sera exempt, s'il a au moins cent bêtes à laine.

Berger.

Un Maréchal, un Charron, seul dans une paroisse, sera exempt; & s'il y en a plusieurs, le plus ancien ou le plus nécessaire, de l'aveu de la paroisse, jouira de l'exemption.

Ouvrier unique dans une paroisse.

Les Syndics au-dessous de quarante ans, ne seront point dispensés de tirer.

Syndics.

Un garçon Collecteur de taille ou de sel, pendant l'année de son exercice, sera exempt; les Collecteurs porte-bourses & adjoints aux Collecteurs, tireront.

Collecteurs.

Si dans une paroisse qui devra fournir plus d'un Milicien, il se trouve deux ou trois frères demeurant chez leur père, & que l'un d'eux tombe au sort, les autres seront exempts de tirer pendant le service de celui auquel le sort sera échu; s'ils sont quatre frères, & que deux tombent au sort, ils seront obligés de servir.

Plusieurs frères dans une même paroisse.

Les frères demeurant dans différentes paroisses, tireront au sort, chacun dans celle qu'il habitera.

Demeurant dans différentes paroisses.

Les Marchands & Artisans non mariés, établis dans les villes, seront exempts, pourvu qu'ils payent quarante livres du gros de la taille, & trente livres de capitation dans les villes tarifées & abonnées.

Marchands & Artisans.

Fils de Marchands & Artisans.

Les Marchands & Artisans mariés, ne jouiront de l'exemption pour aucun de leurs enfans.

D'une veuve tenant boutique.

Le fils aîné d'une Veuve tenant boutique, & vivant avec sa mère, payant vingt-cinq livres de capitation, sera exempt.

Garçon tenant boutique, & reçu Maître.

Un garçon qui tient boutique en son nom, maître de métier dans les villes de Jurande, sera exempt.

Commis d'un Négociant en gros.

Le principal Commis ou Facteur d'un Négociant en gros, & non en détail, sera exempt.

Médecins, Chirurgiens, Apothicaires & un de leurs enfans.

Les Médecins & Chirurgiens dans les villes & campagnes, reçus maîtres & exerçant publiquement leur profession, ainsi que les Apothicaires, eux & un de leurs enfans, seront exempts.

Enfans des Chirurgiens-majors, Garçons-chirurgiens employés dans les hôpitaux.

Les fils des Chirurgiens-majors des Hôpitaux, & tous garçons Chirurgiens desdits Hôpitaux & Hôtels-Dieu publics, employés annuellement, & sans fraude de la Milice, seront exempts.

Chirurgiens & Élèves.

Dans les Villes où il y a Communauté & établissement de Lieutenant du premier Chirurgien de Sa Majesté, les Chirurgiens & deux Élèves Maîtres-ès-Arts, ou ayant fréquenté plusieurs années les écoles de Chirurgie, seront exempts, s'ils n'exercent point la barberie & ne font aucun commerce.

Monnoyeurs, Ajusteurs, Changeurs, Imprimeurs, Orfèvres & Horlogers, reçus Maîtres.

Les Monnoyeurs, Ajusteurs, Changeurs, Imprimeurs, Orfèvres & Horlogers, reçus maîtres & exerçant en chef leur profession, ne seront point assujettis à tirer, quoique garçons.

Bateliers, Mariniers, enfans de Matelots & Ouvriers de la Marine.

Les Bateliers, Mariniers classés, les enfans des Matelots registrés dans les classes de la Marine, les Ouvriers pour le service de la Marine, tels que Charpentiers de Navire, Calfats, Voiliers & Poulieurs, seront exempts.

Paroisses Gardes-côtes.

Les garçons, hommes veufs sans enfans, ou hommes mariés qui ne sont point des paroisses sujettes à la Garde-côte, & qui s'y réfugieront, seront regardés comme fuyards de la Milice de terre : & ceux des paroisses Gardes-côtes qui se retireront dans l'intérieur des terres, & qui ne seront point classés ou incorporés dans les Gardes-côtes, seront assujettis à la Milice de terre, après six mois de résidence dans les paroisses où ils se seront retirés.

Officiers de Justice, de Finance & des Hôtels de Ville. Leurs enfans.

Les pourvus de charge de justice & de finance, les Maires, Échevins, Conseillers, Assesseurs & Procureurs de Sa Majesté, seront exempts eux & leurs enfans ; & les enfans des Officiers subalternes tireront, s'ils n'ont point d'autre motif d'exemption.

Fils aîné des Avocats, Procureurs, Notaires, Greffiers en chef des Justices Royales & leurs Maîtres-clercs.

Les fils aînés des Avocats, Procureurs, Notaires & Greffiers en chef des Justices Royales & Ducales, & leurs Maîtres-clercs, seront exempts.

Les autres enfans & tous les autres Clercs des Juridictions royales, ainsi que ceux des Notaires, Procureurs & Huissiers des Justices seigneuriales & subalternes, tireront; même les Procureurs-postulans, Tabellions, Sergens & Huissiers desdites Justices seigneuriales, s'ils ne sont point autrement fondés pour s'exempter, le premier Officier gradué de chaque Justice seigneuriale devant seul jouir de l'exemption personnellement, & les Geôliers des prisons royales.

Les gens de Justice qui n'exercent point habituellement leur profession, seront contraints de tirer.

Le fils aîné des Bourgeois qui payent trente-cinq livres de capitation principale, sera exempt.

Le fils aîné des Directeurs des fermes, tant pour la partie des Gabelles que pour celle des Aides & Domaines, ainsi que le fils aîné des Receveurs généraux & principaux Employés de la ferme générale, seront exempts.

Les Domestiques des maisons royales, des Princes, Princesses & des Seigneurs, demeurans dans leurs maisons & à leur livrée, depuis trois mois au moins, seront exempts.

Les Jardiniers des pépinières royales, & un de leurs enfans demeurans avec eux & faisant les fonctions de son père, seront exempts.

Les Domestiques des Officiers de justice & finance, dans l'habitude d'en avoir, seront exempts, pourvu qu'ils ne fassent autre chose que leur service, & qu'ils n'excèdent pas le nombre ordinaire de ceux qu'ils avoient, trois mois avant l'Ordonnance.

Les Valets à gage des Ecclésiastiques, Communautés, Maisons religieuses, Gentilshommes, ceux des Gouverneurs & Commandans des provinces, ceux des Secrétaires de Sa Majesté, Trésoriers de France, des Chambres des Comptes, soit en titre, soit vétérans, Commissaires des guerres, Trésoriers des Troupes, ceux des Présidens, Lieutenans généraux, particuliers, civils, criminels & de police, Gens du Roi, Procureurs de Sa Majesté, & de ceux qui vivent noblement, seront exempts, s'ils n'excèdent pas le nombre des Domestiques que les Maîtres ont coutume d'avoir ordinairement, & s'ils ne sont point entrés à leur service depuis l'Ordonnance, lesquels Valets doivent être tous demeurans chez leurs Maîtres, & ne faire autre chose que leur service personnel: & s'il arrive qu'ils le quittent avant l'année révolue, ils seront réputés fuyards de la Milice.

Domestiques des Officiers des Troupes de la Maison du Roi & des Troupes réglées.

Les Domestiques engagés avec les Officiers des Troupes de la Maison de Sa Majesté, ou autres des Troupes réglées, tireront, si leur engagement n'est point antérieur à la publication de l'Ordonnance & visé du Subdélégué de l'Intendance; & après avoir été dispensés de tirer, s'ils ne restent pas un an au moins avec leurs Maîtres, ils seront regardés comme fuyards & Miliciens de droit.

Portiers & Jardiniers des maisons de campagne.

Les Portiers & Maîtres-jardiniers des Maisons de campagne des Seigneurs, seront aussi exempts; tous les autres Domestiques employés aux gros ouvrages, tireront.

Valets des Ecclésiastiques & Gentilshommes faisant valoir leur ferme.

Les Ecclésiastiques & Gentilshommes qui feront valoir leur ferme, n'auront d'exempt que le Maître-charretier qui tient lieu de Fermier, tous les autres Domestiques de la ferme tireront.

Valet d'un Curé.

Le principal Valet d'un Curé, sera exempt.

Desservans des églises.

Les Desservans des églises seront aussi exempts, pourvu qu'ils soient tonsurés trois mois avant la publication de l'Ordonnance.

Maîtres d'école.

Les Maîtres d'école, de l'âge au moins de trente ans, d'ancien établissement, & approuvés par l'Evêque diocésain, avec certificat de l'Intendant de la province, seront exempts.

Gardes-magasins.

Les Gardes-magasins des effets du Roi, seront personnellement exempts de tirer à la Milice.

Gardes des Gouverneurs aux Provinces.

Les Gardes des Gouverneurs & Lieutenans généraux des provinces, employés dans lesdites provinces, seront aussi exempts, suivant l'état qui en sera remis par lesdits Gouverneurs aux Intendans; & les enfans desdits Gardes tireront.

Des Maréchaux de France.

Les Officiers & Archers-gardes servant près de la personne des Maréchaux de France, actuellement vivans, dont ils fourniront tous les ans des états, seront personnellement exempts de tirer à la Milice: leurs enfans tireront.

Enfans des Gardes & Archers & des Officiers subalternes de la Maison du Roi.

Les enfans des Archers de la Connétablie, de la Monnoie, de la Maréchaussée, & des Officiers subalternes de la Maison de Sa Majesté, dont l'état sera mercénaire, quoique leurs pères soient commensaux de la Maison royale, & de celles des Princes & Princesses, seront tenus de tirer au sort.

Gardes-chasse.

Les Gardes-chasse des Seigneurs, seront dispensés de tirer, aux conditions ci-après:

1.° Qu'ils auront prêté serment & auront été reçus en la maîtrise, de l'âge de vingt ans au moins, & qu'ils sauront écrire.

2.° Qu'ils ne feront point de commerce, métier ou exploitation, & qu'ils se renfermeront uniquement dans leurs fonctions de Gardes.

3.º Qu'ils seront domiciliés dans la paroisse dès Seigneurs où ils sont Gardes.

4.º Que le Seigneur de ladite paroisse, n'aura pas une plus grande quantité de Gardes que celle qu'il avoit coutume d'avoir avant l'établissement de la Milice.

Les Gardes des bois, rivières & pêches de Sa Majesté, des Princes & Seigneurs, seront exempts, s'ils n'excèdent pas le nombre ordinaire. *Gardes des bois, rivières & pêches.*

Les Gardes des seigneuries des gens de main-morte, ne seront exempts, qu'au nombre de ceux qui sont absolument nécessaires pour le droit de seigneurie & d'ancien établissement. *Gardes des Seigneuries des gens de main-morte.*

Les Gardes des simples fiefs, ne seront point exempts, quoique reçus en la Maîtrise des eaux & forêts. *Gardes des fiefs.*

Les Garde-haras, Garde-étalon & celui qui panse le cheval, seront exempts; bien entendu que ledit Garde aura un étalon approuvé. *Garde-haras, Garde-étalon.*

Le fils ou garçon d'un Maître de poste, servant de postillon, à raison d'un par attelage de quatre chevaux, seront exempts; les nouveaux garçons que les Maîtres de poste pourroient prendre en remplacement des anciens, ne profiteront de l'exemption, qu'autant qu'ils demeureront attachés au service de la poste pendant un an, autrement ils seront réputés fuyards, & Miliciens de droit. *Maîtres de poste aux chevaux. Leurs fils ou garçons.*

Lorsqu'un Maître de poste aura habituellement quatre attelages de quatre chevaux chacun, il pourra exempter son principal Charretier. *Leur principal charretier.*

Les Commis travaillant avec appointemens dans les bureaux des Trésoriers des Troupes, Receveurs des Tailles, Directeurs & Receveurs des Aides & Domaines, bureaux de Capitation & de Vingtième, bureaux de Régie de correspondance, seront exempts, suivant le nombre établi avant la publication de l'Ordonnance; & les Supérieurs desdits bureaux fourniront des états desdits Commis, pour être arrêtés par les Intendans. *Commis appointés des Bureaux de justice & finance.*

Les Surnuméraires travaillant dans lesdits bureaux, tireront. *Surnuméraires.*

Les Commis employés dans l'exercice des Aides & autres fermes, au-dessous de l'âge de vingt ans, tireront à la Milice. *Employés des Aides.*

Le Commis à la distribution de l'étape, dans chaque lieu de passage du royaume, sera exempt personnellement. *Étapiers.*

Les Maîtres de poste aux lettres, seront exempts; & dans les villes considérables, ils exempteront leur principal Commis ou celui qui porte les paquets. *Poste aux lettres.*

Les principaux Employés dans les fermes des Messageries, Courriers de malle, & les conducteurs ordinaires des voitures publiques, seront exempts; leurs enfans tireront.

Les Préposés à la levée du Vingtième, seront exempts, eux & un de leurs enfans demeurant dans la maison de leur père.

Les Salpêtriers, leurs enfans faisant le métier de leur père & leurs ouvriers utiles, seront exempts, en justifiant par un certificat du Directeur général des poudres, qu'ils travaillent depuis un an au moins dans les manufactures.

Le Directeur d'une forge, son Commis, le Fondeur & son Garde, le Marteleur & son Chauffeur, l'Affineur & son principal valet, seront exempts: les autres domestiques de la forge seront obligés de tirer, & les premiers de justifier qu'ils travaillent depuis un an dans les atteliers de ladite forge.

Les Maîtres-fabricans de papier, leurs enfans travaillant dans leurs fabriques, les Colleurs ou Sallerans, ceux qui mettent le papier sur les formes, qui les lèvent, & qui préparent lesdites formes & les matières qui entrent dans la composition du papier, tous travaillant dans les moulins & atteliers depuis un an, seront exempts.

Les principaux Employés dans les bureaux des ponts & chaussées, seront exempts, ainsi que le fils aîné de ceux qui sont chargés de la direction & de la conduite des ouvrages.

Un Enfant-trouvé, mâle, lequel parvenu à l'âge de dix-huit ans, aura toutes les qualités nécessaires pour porter les armes, sera admis à tirer au sort de la Milice, au lieu & place d'un des enfans propres, frère ou neveu de tout chef de famille qui l'aura élevé dans sa maison.

Ce chef de famille aura la liberté de dispenser de tirer à la Milice, celui de ses enfans propres, frères ou neveux, vivant dans sa maison ou à sa charge, qu'il voudra faire représenter par ledit Enfant-trouvé.

Et si un chef de famille se charge d'élever dans sa maison plusieurs Enfans-trouvés, ladite exemption aura lieu pour autant de ses enfans propres, frères ou neveux, qu'il aura d'Enfans-trouvés à présenter, ayant l'âge & les qualités ci-dessus prescrites.

Ladite exemption sera maintenue, non-seulement par rapport aux Enfans-trouvés sortant de l'Hôpital général, mais encore par rapport à tous ceux qui étant à la charge des autres Hôpitaux, Communautés ou des Seigneurs, dans les provinces du royaume, auront été confiés par eux, à des chefs de famille, sous les mêmes conditions.

Étudians.

Tous les Étudians dans les Colléges fondés & les Écoles publiques, seront dispensés de tirer, pourvu qu'ils n'aient point interrompu la continuation de leurs études, ou qu'ils les aient reprises depuis un an au moins, & que leur père ne fasse aucun métier.

Compagnies de Bourgeoisie.

Les Officiers des compagnies de bourgeoisie, seront obligés de tirer à la Milice, ainsi que les Soldats desdites compagnies, si les uns & les autres n'ont point d'autre titre d'exemption.

Originaire des pays étrangers.

Les hommes originaires des pays étrangers, seront dispensés de tirer au sort, mais leurs enfans nés en France, qui n'auront point d'autre motif d'exemption que la patrie de leur père, seront assujettis à la Milice; & leur père, pour s'exempter, sera tenu de produire des certificats en bonne forme, de son état, aux Subdélégués.

Transfuges des Paroisses.

Ceux qui étant assujettis à la Milice, ne seront point munis de certificats, pour justifier qu'ils y ont satisfait dans leurs paroisses & communautés, seront forcés de tirer dans celle où ils se trouveront.

Tirage par représentation.

Si le sort échoit à un garçon pour lequel on aura tiré, celui qui aura tiré pour lui, en son absence, sera tenu de le représenter dans la huitaine au plus tard, pour en prendre le signalement; & on n'admettra à tirer par représentation, que les garçons ou hommes veufs & mariés, en état de servir, desquels on prendra également le signalement, & qui seront Miliciens au défaut de celui qu'ils auront représenté au tirage.

Miliciens du sort, remplacés par les fuyards.

Les Miliciens du sort, qui auront mis des fuyards à leur place, tireront l'année suivante, si la paroisse dont ils sont, est obligée de fournir des Miliciens.

Prétendus mariés.

Les garçons au-dessous de l'âge de quarante ans, qui se prétendront mariés, seront obligés d'en justifier par un extrait légalisé de l'acte de leur mariage; faute de quoi, ils seront assujettis à tirer comme garçons.

Enfans de Paris, de Versailles, &c.

Les garçons nés à Paris, ou dans les endroits affectés au séjour de Sa Majesté, ne seront point exempts de tirer à la Milice dans le lieu où ils se trouveront.

Enfin, tous autres particuliers qui auroient été exempts par le passé, & qui ne se trouveront point désignés dans les articles ci-dessus, seront forcés de tirer.

Anciens Miliciens.

Entend néanmoins Sa Majesté, que les Miliciens qui auront obtenu des congés absolus, ou qui, après avoir été incorporés dans les Troupes, auront obtenu des congés des régimens où ils auront continué de servir, soient pour toujours exempts de la Milice.

*Temps
du service
des Miliciens,
& défenses
de s'absenter
de la troupe.*

LE service des Miliciens de nouvelle levée & de remplacement, sera de six années; & ils ne pourront s'absenter, sans congé, de la troupe dont ils seront, à peine d'être poursuivis & condamnés aux galères perpétuelles : Veut à cet effet Sa Majesté qu'il en soit dressé sur le champ, par l'Officier-commandant, un procès-verbal contenant le signalement desdits Miliciens, & le lieu d'où ils auront déserté; pour, sur la représentation dudit procès-verbal, signé dudit Officier-commandant & de deux Sergens ou Soldats qui auront connoissance de la désertion, & la plainte de l'Officier-major, être tenu un Conseil de guerre, pour juger dans la forme ordinaire, & condamner à ladite peine des galères, ceux desdits Miliciens qui auront été arrêtés; & ceux qui n'auront pu l'être, seront jugés par contumace, & les jugemens des uns & des autres, seront envoyés au Secrétaire d'État ayant le département de la guerre, pour être affichés, sur les ordres qu'il en adressera aux Prévôts des Maréchaussées, dans la place ou lieu principal des paroisses pour lesquelles ces Miliciens devoient servir.

SI quelques Miliciens manquoient de se rendre au quartier d'assemblée, ou venoient à en déserter, ils seront arrêtés par-tout où ils se trouveront; l'intention de Sa Majesté étant, que ceux qui auront été appréhendés, soient contraints de servir dans les Milices, dix années au-delà du terme de leur engagement.

26.

*Recherche
des Miliciens
qui paroîtront,
sans congé, dans
leurs paroisses
pendant le temps
de leur service.*

PENDANT le temps que les bataillons de Milice, & les régimens qui seront formés des compagnies de Grenadiers-royaux desdits bataillons, seront employés, s'il paroît dans une communauté des Grenadiers ou Soldats de milice, les Maire, Échevins, Consuls, Syndics, Marguilliers ou autres Officiers de la communauté, seront tenus de leur demander le motif pour lequel ils auront quitté leur troupe, & d'en informer sur le champ le

Subdélégué.

Subdélégué, qui en fera part à l'Intendant de la province;
& en cas qu'un Milicien déclare que c'est par congé, ils
se feront repréfenter ledit congé, en tireront une copie
qu'ils enverront pareillement audit Subdélégué dans les
vingt-quatre heures au plus tard, pour être adreffée à
l'Intendant, qui ordonnera ce qui se trouvera convenir;
le tout à peine, contre lefdits Officiers des communautés,
de cent livres d'amende pour chaque contravention, applicable aux pauvres du lieu: Ordonne Sa Majefté aux Officiers
& Cavaliers de Maréchauffée, premiers requis, de leur
donner toute affiftance & main-forte en cas de befoin.

27.

Affemblée
des bataillons.

LORSQUE Sa Majefté donnera des ordres pour faire
fortir les bataillons de leur province & les employer dans
fes places, il fera envoyé des Commiffaires des guerres
aux lieux d'affemblée, pour y préparer les logemens &
les fubfiftances néceffaires, & y recevoir & faire loger
les Miliciens, à mefure qu'ils y arriveront. Le Major qui
commandera chaque bataillon, fera affembler la troupe,
& il examinera, en préfence du Commiffaire des guerres,
Examen
des Miliciens
en état de fervir.
fi tous les hommes qui auront été envoyés au quartier
d'affemblée, font en état de fervir; fi quelques-uns n'ont
pas les qualités preferites, il en fera dreffé par ledit
Commiffaire un procés-verbal, qui contiendra les motifs
de la réforme defdits Miliciens, auxquels il en fera expédié
des copies par le Major du bataillon: l'intention de Sa
Majefté étant qu'à l'avenir les congés des Soldats de
Milice foient fignés par les Majors & Aide-majors
defdits bataillons, & adreffés aux Intendans, pour être
vifés par eux, avant d'être remis auxdits Miliciens.

Livraifon
de l'habillement,
équipement &
armement.

Les Commiffaires feront délivrer à chacun des Miliciens
dont les bataillons feront compofés, après l'infpection
qui en aura été faite par le Major, l'habillement, équipement & armement qui auront été remis à cet effet
dans les magafins.

G

Fourniture du petit équipement aux nouveaux Miliciens.

IL sera fourni, par les paroisses, à chaque Milicien de nouvelle levée, un bon chapeau, une veste, une paire de souliers, une paire de guêtres, deux chemises de toile & un havresac. Il sera en outre payé par lesdites paroisses, huit livres en argent, dont trois livres seront délivrées aux Miliciens, lors du départ des bataillons pour se rendre dans les Places; & les cinq livres restantes appliquées aux frais des Commissaires employés à la levée.

29.

Assemblée des régimens de Grenadiers-royaux.

LORSQUE Sa Majesté jugera à propos de faire assembler quelques-uns de ses régimens de Grenadiers-royaux, Elle fera expédier des ordres aux compagnies de Grenadiers-royaux des bataillons de Milice, pour se rendre chacune dans le lieu qui sera indiqué, & y être assemblées comme il est expliqué à l'article 9.

30.

Appointemens et solde au quartier d'assemblée des bataillons.

ENTEND Sa Majesté que lesdits bataillons soient payés pendant le temps qu'ils demeureront au quartier d'assemblée & jusqu'au jour exclusivement qu'ils commenceront à recevoir l'étape, en conséquence des routes qui leur seront expédiées pour se rendre à leur destination, sur le pied ci-dessus réglé en garnison.

Gratification pour le départ.

Que les Officiers reçoivent en outre quinze jours de leurs appointemens, pour les dédommager de leurs frais de voyage; & les Sergens, Fourriers, Caporaux, Appointés, Grenadiers-royaux, Grenadiers-provinciaux, Fusiliers & Tambours, trois jours de leur solde pour les trois jours qui auront précédé celui auquel ladite assemblée aura été indiquée.

Il sera fait en même temps le décompte aux Sergens, Grenadiers & Tambours des compagnies de Grenadiers-royaux, & aux Sergens des compagnies de Grenadiers-provinciaux ou de Fusiliers, de ce qui leur sera dû de la gratification à eux accordée par l'article 47 de la présente Ordonnance.

3 1.

VEUT Sa Majesté qu'il soit fait le décompte à chaque Fourrier & Sergent d'un sou quatre deniers par jour, & à chaque Caporal, Appointé, Grenadier-royal, Grenadier-provincial, Fusilier & Tambour, de huit deniers aussi par jour pour le linge & la chaussure pendant la route qu'ils feront pour se rendre du quartier d'assemblée de leurs bataillons dans les places ou autres lieux qui leur auront été assignés; l'intention de Sa Majesté étant que pendant tout le temps du service des Milices, il soit retenu sur la solde, à chaque Fourrier & Sergent, en sus d'un sou quatre deniers par jour, & à chaque Caporal, Appointé, Grenadier-royal, Grenadier-provincial, Fusilier & Tambour, en sus de huit deniers aussi par jour, ce qui sera jugé nécessaire pour l'entretien du linge & de la chaussure, pour leur être délivré tous les quatre mois en garnison, & tous les six mois en campagne, à l'entrée & à la fin d'icelle.

3 2.

LES régimens de Grenadiers-royaux, seront payés, pendant le temps qu'ils resteront au quartier d'assemblée, des appointemens & solde qui leur sont réglés en garnison; les Officiers de l'État-major recevront quinze jours de leurs appointemens, pour les dédommager des frais de voyage, les Fourriers, les Sergens & les Grenadiers recevront à leur arrivée à la destination desdits régimens le décompte pour linge & chaussure pendant le temps de la route, ainsi qu'il est expliqué à l'article précédent.

3 3.

LORSQU'IL manquera, par mort ou autrement, cinq hommes dans une compagnie de Grenadiers-royaux, le Colonel en informera le Secrétaire d'État ayant le département de la guerre, en lui envoyant les noms & signalemens desdits Grenadiers, afin qu'il soit pourvu par lui à leur remplacement.

34.

LES régimens de Grenadiers-royaux pouvant se trouver éloignés des bataillons de Milice qui contribuent à leur formation, l'intention de Sa Majesté est que lorsqu'un Officier sera nommé pour passer à un emploi dans un desdits régimens, le décompte de ses appointemens lui soit fait jusqu'au jour de son départ du bataillon, dont il prendra un certificat du Commissaire qui en aura la police, afin qu'à son arrivée au régiment, il soit rappelé dans la première revue pour le temps qu'il aura été obligé de mettre à faire sa route.

35.

VEUT Sa Majesté que lorsque quelque Grenadier ou Soldat deviendra infirme & absolument hors d'état de servir, ses infirmités soient constatées par les Médecins & Chirurgiens des hôpitaux du Roi, ou par ceux de la place où se trouveront les régimens de Grenadiers-royaux & bataillons de Milice, & que, sur le certificat qui lui en sera remis, le Commissaire des guerres qui aura la police de la troupe, lui fasse faire le décompte de sa solde pour un mois, pendant lequel il continuera de l'employer dans ses revues; cette avance étant destinée à procurer au Milicien le moyen de retourner dans sa paroisse: Enjoint Sa Majesté au Commandant de la troupe, d'en informer le Secrétaire d'État ayant le département de la guerre, afin qu'il soit pourvu au remplacement dudit Milicien infirme, auquel il sera expédié un congé par ledit Commandant de la troupe, & adressé, comme il est dit ci-dessus, à l'Intendant de la province, pour être visé par lui.

36.

IL sera pourvu incessamment au choix des Officiers qui devront être employés dans lesdits bataillons de Milice & régimens de Grenadiers-royaux, Sa Majesté voulant qu'ils résident tous dorénavant dans les provinces, & à portée des bataillons où ils doivent servir: Elle a réglé

en

en conséquence que, pendant le temps que lesdites Milices resteront dans les provinces, il sera payé auxdits Officiers (les Lieutenans des compagnies de Fusiliers & les Porte-drapeaux exceptés), trois mois des appointemens qui leur sont réglés en garnison ; se réservant de donner des ordres aux Intendans des provinces, pour que le payement leur soit fait par eux desdits appointemens, sur les états qu'Elle en arrêtera chaque année.

Traitement accordé auxdits Officiers pendant la paix.

Et lorsqu'il vaquera quelque emploi dans lesdits bataillons, il y sera pourvu sur les mémoires qui seront adressés à cet effet au Secrétaire d'État ayant le département de la guerre, par les Majors desdits bataillons & par les Colonels desdits régimens de Grenadiers-royaux ; se réservant néanmoins Sa Majesté d'en disposer toutes les fois qu'Elle le jugera à propos : son intention étant que lorsqu'il viendra à vaquer des Majorités de bataillon, elles soient données par préférence à ceux des Capitaines de Grenadiers-royaux de qui il sera rendu les meilleurs témoignages, lesquelles Majorités ils ne pourront prendre qu'après la campagne finie.

37.

F A I T Sa Majesté très-expresses inhibitions & défenses à tous les Soldats, dont les bataillons de Milice seront composés, & à ceux qui les remplaceront par la suite, de s'enrôler dans aucune troupe avant l'expiration de leur service, & qu'ils aient obtenu leur congé absolu, sous peine des galéres perpétuelles ; & à tous les Officiers d'Infanterie, de Cavalerie ou de Dragons, & aux Préposés aux recrues de ses Troupes, de les enrôler ni les recevoir, à peine d'être punis sévèrement : Voulant Sa Majesté que lorsqu'un Soldat de Milice sera arrêté pour avoir fait un pareil engagement, il soit mis & retenu en prison, pour être jugé dans le Conseil de guerre qui sera tenu à cet effet.

Défenses aux Miliciens de s'engager dans les Troupes, & aux Officiers de les recevoir.

38.

L'INTENTION de Sa Majesté étant qu'il ne soit

Congés.

H

point accordé de congés depuis le 15 Avril jusqu'au 15 Octobre, Elle se réserve de fixer le nombre des congés qui seront accordés pendant l'hiver, & tour-à-tour, aux Soldats & Grenadiers de chaque compagnie, dont Elle fera dresser des procès-verbaux par les Commissaires des guerres, & copie desdits procès-verbaux sera envoyée par eux à l'Intendant de chaque province, qui fera rejoindre exactement les Miliciens à l'expiration desdits congés.

39.

LES Miliciens qui se trouveront prévenus d'attroupemens illicites & d'exactions, soit en argent, soit en denrées, sous prétexte du service de la Milice ou autrement, seront arrêtés par les Prévôts des Maréchaussées, leurs Lieutenans, & autres Officiers & Justiciers qu'il appartiendra, pour leur être leur procès fait comme à des perturbateurs du repos public, suivant la rigueur des Ordonnances.

40.

LORSQUE Sa Majesté ordonnera la séparation desdits bataillons de Milice & régimens de Grenadiers-royaux, ils se rendront aux quartiers d'assemblée, sur les routes qui leur seront expédiées à cet effet; & avant leur départ des lieux où ils seront, pour retourner dans leurs provinces, les Commissaires des guerres qui en auront la police, se feront rendre compte par les Officiers-majors, ou par ceux chargés du détail, & par les Trésoriers, si lesdits régimens & bataillons ne redoivent rien à la caisse de l'Extraordinaire des guerres, & ils verront à mettre lesdits bataillons de Milice & régimens de Grenadiers-royaux en règle à cet égard. Ils constateront en même temps ce qui sera dû de solde à chaque Soldat, pour que le décompte lui en soit remis à son arrivée au quartier d'assemblée.

41.

IL sera dressé par les Commissaires des guerres, avant le départ de chaque troupe, un état des Soldats effectifs

& sous les armes, lequel contiendra leurs noms de baptême & de famille, & celui de la paroisse pour laquelle ils servent; ils dresseront deux autres états détaillés de l'habillement, équipement & armement: il sera fait mention au bas de ces deux derniers états, de l'excédant desdits effets, & du nom des Officiers entre les mains de qui ils seront restés, lesquels seront tenus de les déposer, soit dans le lieu d'où ils partiront, ou dans la place la plus prochaine où il y aura un magasin établi.

Commissaires, des Milices effectifs, de leur habillement, &c. avant leur départ.

Ces différens états seront signés par les Commissaires & les Commandans de chaque troupe; & il en sera remis des doubles auxdits Commandans, pour les représenter à l'Intendant, à l'arrivée de la troupe dans la province, & servir à la vérification, tant desdits effets, que des hommes dont chaque troupe sera composée; les Commissaires adresseront aussi des doubles desdits états, signés d'eux & des Officiers-commandans, au Secrétaire d'État ayant le département de la guerre.

42.

SA MAJESTÉ voulant bien faire donner, *gratis*, deux voitures par bataillon, attelées chacune de quatre chevaux, pour servir à transporter les Soldats auxquels il surviendra quelque incommodité; Elle entend qu'il n'en soit laissé aucun aux hôpitaux de la route, que dans des cas absolument indispensables; alors les Majors des bataillons, leur remettront des copies des cartouches qui leur auront été envoyées, pour que ces Miliciens restés en route, puissent recevoir l'étape qui leur sera laissée, suivant les intentions de Sa Majesté, qui feroit punir sévèrement le Major qui auroit manqué de s'y conformer; lui enjoignant de se faire remettre dans chaque lieu de passage, un certificat des Magistrats, qui constatera que lesdites voitures ont été fournies, afin de se procurer par l'Intendant de la province, à son arrivée, le remboursement de l'avance qu'il en aura faite; le surplus desdites deux voitures ou de chevaux équivalens à deux charrettes, dans les endroits

Voitures gratis pour le transport des Miliciens infirmes.

où il n'y a point de voitures, & qui seront pris, en ce cas, au nombre de vingt-quatre chevaux en tout par bataillon, sera aux frais des Capitaines.

*Certificats
de ceux
qui on aura
été obligé de
laisser dans
les hôpitaux
de la route.*

Veut Sa Majesté que le Major prenne des certificats des Directeurs des hôpitaux, pour justifier des hommes qui y seront entrés; & que lesdits Directeurs informent le Secrétaire d'État ayant le département de la guerre, des jours que les Miliciens seront sortis desdits hôpitaux.

43.

*Défenses
aux Officiers
& Soldats,
de s'absenter
pendant
la route.*

DÉFEND Sa Majesté aux Officiers & Soldats, de s'absenter pendant la route que fera la troupe, pour se rendre au quartier d'assemblée, à peine d'être punis à leur arrivée: Enjoint Sa Majesté à l'Officier-commandant, de contenir ladite troupe dans la meilleure discipline, ayant attention d'en faire l'appel sur l'état qui lui en sera remis, tant au lieu de départ qu'aux logemens, à l'entrée & à la sortie des lieux de passage, & même en route, s'il est nécessaire; Sa Majesté rendant ledit Commandant responsable du désordre qui pourroit être commis en route par lesdits Officiers & Soldats.

44.

*Revue
des Commissaires
pendant la route
dans les lieux
de passage.*

VEUT Sa Majesté que dans les lieux de la route où il se trouvera des Commissaires des guerres, il soit fait par eux des revues par appel, des bataillons de Milice & des régimens de Grenadiers-royaux qui y passeront, sur les états dont les Commandans seront porteurs, & qu'ils se feront représenter: Ils dresseront l'extrait de leur revue en forme de procès-verbal, contenant le nom des Officiers présens & absens; ils y feront mention des Soldats qui, étant présens au départ de la troupe, l'auront quittée en route; & ils expliqueront, à l'article des Officiers & Soldats, les causes de leur absence, dont ils demanderont compte aux Commandans; ils adresseront ces procès-verbaux au Secrétaire d'État ayant le département de la guerre, qui prendra les ordres de Sa Majesté, sur la punition des Officiers & Soldats qui se trouveront en faute.

45.

Les Commissaires des guerres, avant le départ de la troupe, auront attention de faire lecture aux Soldats des articles 37, 43, 46, 47, 48, 49, 50, 51 & 52 de la présente Ordonnance, & de faire visiter par les Médecins ou Chirurgiens des hôpitaux du Roi, ou, à leur défaut, par ceux de la place, ceux desdits Grenadiers & Soldats de Milice qui seront soupçonnés de maladies vénériennes, ou attaqués du scorbut ; ceux qui se trouveront atteints desdites maladies, seront laissés dans le lieu pour y être guéris, s'il s'y trouve un hôpital où on traite ces maladies, ou autrement, sur l'état qui en sera envoyé par les Commissaires des guerres au Secrétaire d'État ayant le département de la guerre ; Sa Majesté fera expédier des ordres pour les faire passer dans l'hôpital le plus prochain, destiné à la guérison desdites maladies.

Lecture aux Miliciens de différens articles de l'Ordonnance.

Visite de ceux desdits Miliciens qui pourroient être attaqués de maladies vénériennes, ou du scorbut.

46.

Lors du renvoi, dans leurs paroisses, des Miliciens qui composeront les bataillons, ils remettront en magasin les armes & tous les effets dépendans de l'habillement & équipement ; les habits, chapeaux, vestes & culottes ne devant être laissés aux Miliciens, que sur les ordres particuliers que Sa Majesté en donnera.

Remise des effets en magasin.

Il sera payé quinze jours d'appointemens aux Officiers desdits bataillons, & trois jours de solde à chacun des Miliciens, pour leur donner les moyens de se retirer chez eux, indépendamment des appointemens & solde qu'ils doivent recevoir pendant que la troupe aura demeuré dans le quartier d'assemblée pour les opérations ordonnées.

Gratification aux Officiers & Soldats à leur arrivée dans les Provinces.

47.

Les Fourriers, Sergens, Caporaux, Appointés, Grenadiers & Tambours des compagnies de Grenadiers-royaux ; & les Fourriers & Sergens des compagnies de Grenadiers-provinciaux & de Fusiliers, auront, par jour, pendant le temps que les bataillons seront dispersés dans les provinces ; savoir, les Fourriers & Sergens de

Petite solde accordée aux Fourriers, Sergens, Caporaux, Appointés, Grenadiers & Tambours des compagnies de Grenadiers-royaux.

Et aux Sergens des compagnies de

Grenadiers, trois sous ; les Caporaux, Appointés & Grenadiers, un sou ; & les Tambours, dix-huit deniers ; & les Fourriers & Sergens des compagnies de Grenadiers-provinciaux & Sergens de Fusiliers, deux sous, que Sa Majesté veut bien leur accorder, autant qu'il ne surviendra point deplaintes d'eux dans les paroisses où ils seront ; & le décompte leur en sera fait tous les six mois.

48.

LES Grenadiers & Soldats de Milice, qui continueront de servir, seront admis à l'hôtel des Invalides, comme les Soldats des autres Troupes, lorsqu'après le terme prescrit par le règlement dudit Hôtel, ils se trouveront hors d'état de continuer leurs services, lesquels seront constatés par les Majors, qui adresseront au Secrétaire d'État ayant le département de la guerre, les mémoires desdits Grenadiers & Soldats qui seront dans le cas d'être reçus à l'hôtel des Invalides.

49.

VEUT Sa Majesté que le traitement qu'Elle a accordé précédemment aux Sergens de Milice qui ont monté à l'emploi d'Officier, continue d'avoir lieu pendant le temps de la séparation des bataillons, & qu'ils en soient payés, sur les ordres des Intendans, à raison de quinze sous par jour, pour ceux desdits Sergens qui ne sont que Lieutenans ; & de vingt sous, aussi par jour, pour ceux qui, par la distinction de leurs services, ont été pourvus de compagnies, ou ont obtenu la commission de Capitaine.

50.

INDÉPENDAMMENT des avantages ci-dessus réglés, veut Sa Majesté que les Miliciens qui se trouveront avoir servi six années, jouissent de l'exemption de taille pendant un an ; que ceux desdits Miliciens qui se marieront dans le cours de ladite année, aient ce privilége pendant deux années de plus ; laquelle exemption aura lieu, tant pour la taille industrielle que personnelle, pour leurs biens propres, ou pour ceux qui leur viendroient du chef de leur femme : Et dans le cas où ils prendroient pendant ledit temps des fermes ou exploitations étrangères, ils jouiront, pendant une année de plus, de l'exemption de taille, ainsi qu'il est expliqué ci-dessus. Et attendu que ladite exemption pourroit souffrir difficulté dans les provinces où la taille est réelle, ordonne Sa Majesté que les Miliciens desdites provinces, qui seront imposés à la taille pour raison de leurs biens propres & ceux de leur femme, ne puissent être compris, pendant le temps ci-dessus réglé, dans les rôles des impositions extraordinaires qui se répartissent au marc la livre de la taille.

Veut pareillement Sa Majesté que pendant tout le temps que les Miliciens serviront, ils soient exempts de capitation & de la collecte; bien entendu qu'ils ne feront valoir que leurs biens propres.

Les Miliciens qui ont été incorporés dans les Troupes, jouiront, après qu'ils auront obtenu leurs congés, de la même exemption de taille & d'imposition ci-dessus accordée.

51.

IL sera délivré par les Intendans, des certificats imprimés, à tous ceux desdits Miliciens qui seront dans le cas de jouir des exemptions ci-dessus expliquées; & ces certificats ne pourront valoir qu'après qu'ils auront été également signés par les Officiers des villes & communautés, auxquels lesdits Miliciens seront tenus de les représenter, au moment qu'ils y seront arrivés, & dans la quinzaine au plus tard, du jour de la date que l'Intendant y aura mise; & ces certificats seront enregistrés *gratis* aux Greffes des villes & communautés : Les Miliciens qui ne se trouveront point porteurs desdits certificats, ou qui ne seront pas en état de les représenter ou d'en justifier, devant être privés des exemptions & autres avantages à eux accordés.

Liberté aux Miliciens d'aller travailler où bon leur semblera pendant la paix.

VEUT Sa Majesté que les Miliciens aient la liberté d'aller travailler où bon leur semblera, pour vaquer aux travaux de la campagne, sans qu'il puisse leur être là-dessus imposé aucune espèce de contrainte; & lorsqu'ils voudront s'éloigner de leur paroisse, ils seront seulement tenus d'en avertir les Maire, Échevins, Consuls, Syndics ou Marguilliers, & de leur déclarer le lieu où ils voudront aller.

Injonction aux Communautés de les employer de préférence.

Entend Sa Majesté que les communautés emploient, de préférence à tous autres, les Miliciens auxquels elles pourront fournir de l'occupation.

MANDE & ordonne Sa Majesté, aux Gouverneurs & ses Lieutenans généraux en ses provinces, au Lieutenant général de police de la ville de Paris, pour ce qui concerne le bataillon de ladite ville, aux Intendans des provinces du royaume, de s'employer, chacun à leur égard, à l'exacte observation & exécution de la présente ordonnance: Ordonne aussi Sa Majesté aux Gouverneurs & Commandans de ses villes & places, aux Commissaires des guerres, & à tous Baillis, Sénéchaux, Prévôts, Juges, leurs Lieutenans & autres ses Officiers qu'il appartiendra, de tenir la main à ladite exécution. FAIT à Fontainebleau le vingt-sept novembre mil sept cent soixante-cinq. *Signé* LOUIS. *Et plus bas,* LE DUC DE CHOISEUL.